Einsterns

Schwester
leicht gemacht

3

Themenheft 1

⭐ Sprachgebrauch und Sprache
untersuchen und reflektieren

Herausgegeben von
Roland Bauer, Jutta Maurach

Erarbeitet von
Martina Schramm, Annette Schumpp, Jutta Sorg

In Zusammenarbeit mit
der Redaktion Grundschule Deutsch 2–4

Cornelsen

Inhaltsverzeichnis

Ich bin Lola und helfe dir mit Profitipps.

So kannst du mit den Heften arbeiten

Du machst alle Seiten der Lernportion 1.

Zuerst im grünen Heft.

Dann im roten Heft.

Dann im gelben Heft.

Und dann im blauen Heft.

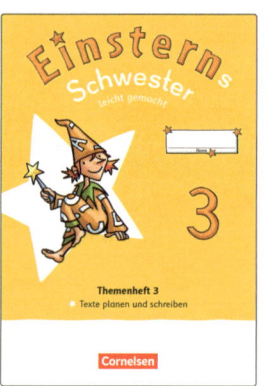
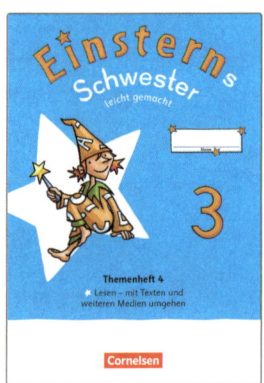

Danach machst du in allen Heften die Lernportion 2.

Nun machst du in allen Heften die Lernportion 3.

In diesem Heft kannst du den Grundwortschatz vertiefend üben.

Genauso bearbeitest du alle anderen Lernportionen.

Nomen für Menschen und Dinge ordnen

(1) Es gibt Nomen für Menschen und Dinge.
Notiere M (Mensch) oder D (Ding).

Bestimmte Artikel sind **der, die, das**.

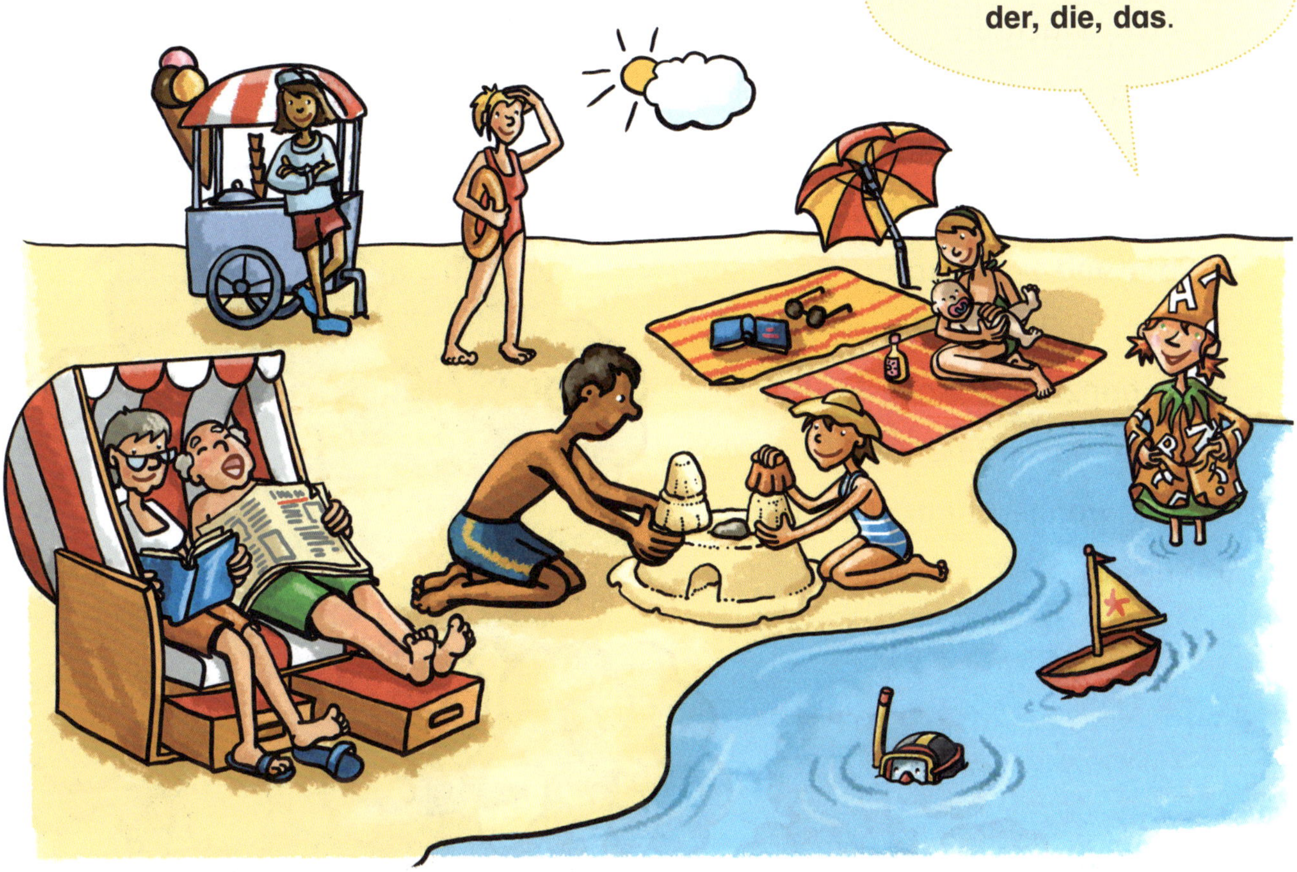

D	das Buch	M	das Baby	___	die Taucherin
___	die Sandburg	___	das Boot	___	die Frau
___	der Strand	___	die Zeitung	___	der Vater
___	die Decke	___	die Mutter	___	das Mädchen

___ die Eisverkäuferin

___ die Sonnenbrille

① Lies den Text.

Der Wald ist wie ein Haus

1 Unten wachsen
Moos und Flechten. Dort wohnen
Maus, Hamster und Dachs.
Darüber wachsen Gras,
5 Farn und Springkraut. Dort leben
Hase, Igel und Schmetterling.
Bis ganz oben wachsen
Eiche, Buche und Kiefer.
Dort wohnen Kauz, Fink und
10 Kuckuck.

Kuckuck

Fink

Kauz

Igel | Schmetterling | Dachs | Hase | Maus | Hamster

② Unterstreiche im Text zu ① die Nomen für Tiere
und Pflanzen mit zwei Farben.

③ Ordne die Nomen für Tiere und Pflanzen aus ①
in eine Tabelle ein.

Heft 1, S. 6 ③

Tiere	Pflanzen
Maus	...

Lernportion 1: Nomen

MK-Tipp: weitere Tiere und Pflanzen des Waldes mit Hilfe einer Kindersuchmaschine im Internet finden und ergänzen

1 Lies die Wörter. Markiere, was in der Mehrzahl anders ist.

ein Schrank	ein Buch	eine Tafel
viele Schränke	**viele Bücher**	**viele Tafeln**

eine Tür	ein Stuhl	ein Sofa
viele Türen	**viele Stühle**	**viele Sofas**

2

Mehrzahl von Nomen

e	er	en	n	s	ohne Änderung
		Türen Pflanzen			Besen

ein Kind – viele Kinder

Tische
Computer
Kinder
Foto
Fenster
Tasche
Tablet
Zeitschrift
Lampe

3 Sucht in der Klasse weitere Dinge.
Ergänzt die Tabelle aus ②.

Lernportion 1: Nomen

① Hier sind Wörter in der Einzahl und Mehrzahl.
Markiere die Paare jeweils mit einer Farbe.

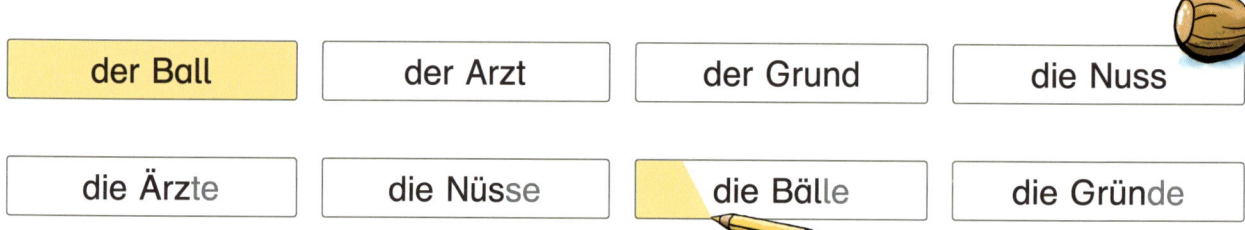

| der Ball | der Arzt | der Grund | die Nuss |
| die Ärzte | die Nüsse | die Bälle | die Gründe |

② Besprecht, was sich in ① bei der Mehrzahl geändert hat.

③ Schreibe die Paare aus ① auf. Unterstreiche die Veränderungen.

der Ball, die Bälle,

④ Ergänze ä, ö oder ü.

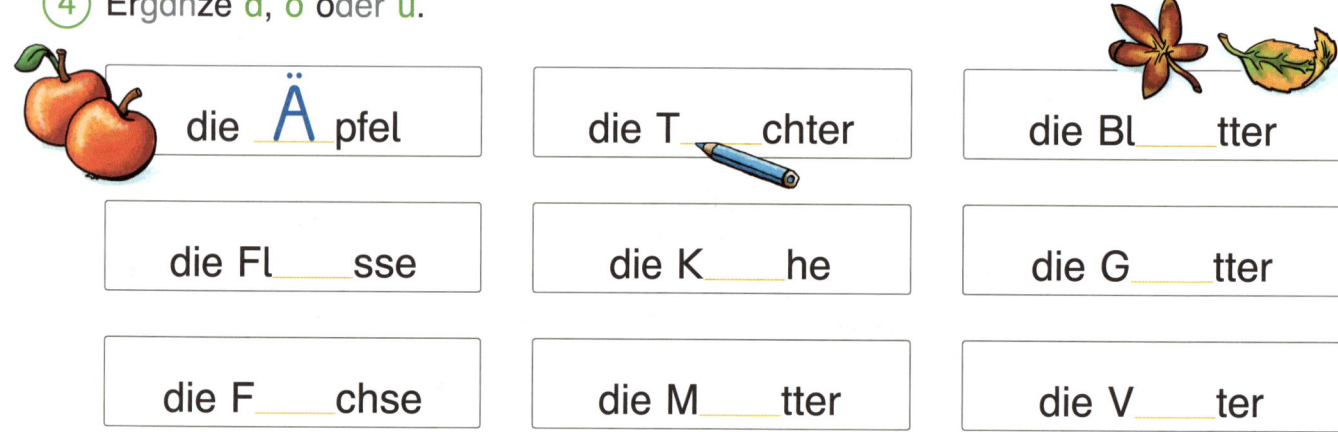

die Äpfel   die T___chter   die Bl___tter

die Fl___sse   die K___he   die G___tter

die F___chse   die M___tter   die V___ter

⑤ Schreibe die Nomen aus ④ in der Einzahl
und in der Mehrzahl auf.
Unterstreiche die Veränderungen.

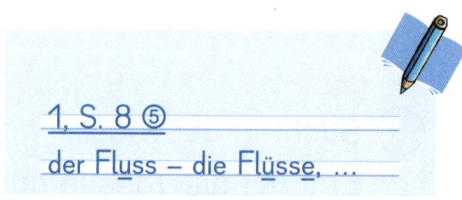

1, S. 8 ⑤
der Fluss – die Flüsse, ...

ein Atlas viele Atlasse oder viele Atlanten	ein Luftballon viele Luftballons oder viele Luftballone	ein Globus viele Globen oder viele Globusse
ein Lexikon viele Lexika oder viele Lexiken	ein Monitor viele Monitore oder viele Monitoren	

Manche Nomen haben **zwei Formen** in der Mehrzahl.

① Schreibe die Wörter in der Einzahl und **einer** Mehrzahlform auf.

ein Atlas   viele Atlasse

ein   viele

② Markiere in ① die Endungen der Mehrzahl gelb.

> Wörter für **Gefühle** sind **Nomen**.
> Deshalb schreibe ich sie groß:
> die Freude, der Schreck.

 ① Verbindet passend.

| Freude | Wut | Müdigkeit | Trauer | Angst | Liebe |

  ②

der Schreck

die Neugier   der Ekel
die Langeweile   die Wut
der Schreck   die Angst
die Trauer   der Stolz   die Freude
die Ungeduld   die Begeisterung   die Geduld

> **Pronomen** können für Nomen stehen:
> Lina hat Ferien. **Sie** besucht Opa.
> Es gibt Pronomen in der Einzahl: **ich**, **du**, **er**, **sie**, **es**
> und in der Mehrzahl: **wir**, **ihr**, **sie**.

① Lies den Text.

Das ist Lina.

Sie hat ihren Opa besucht.

Er ist mit Lina in den Zoo gegangen.

Sie haben die Tiere beobachtet.

Lina hat der Besuch im Zoo sehr gut gefallen.

„Das sollten wir öfter machen", hat sie gesagt.

Später haben Opa und Lina noch ein Eis gegessen.

Es hat gut geschmeckt.

② Unterstreiche in ① die Pronomen.

③ Spielt das Spiel mit den Pronomen. Würfelt der Reihe nach. Klatscht schnell auf ein passendes Nomen.

① Lies die Sätze. Ergänze die Pronomen.

Elefanten

> Die Mutter kümmert sich um ihr Baby.
> **Sie** gibt ihm zu trinken.

> Das Baby ist noch sehr klein.
> _____ bleibt immer bei der Herde.

> Der Elefant ist ein großes Tier.
> _____ wiegt fast sieben Tonnen.

> Elefanten leben auch in Afrika.
> _____ wandern sehr weit.

> Viele Kinder mögen Elefanten.
> _____ besuchen die Tiere oft im Zoo.

② Schreibe die grünen Wörter und die Pronomen aus ① auf.

die Mutter – sie,

1 Setze die Pronomen passend ein.

Er ✶ ihr ✶ ~~Sie~~ ✶ wir ✶ er ✶ ihr ✶ Sie

Der Wettbewerb

1 Die Klasse plant ein Projekt zum Klimaschutz.

Sie _____ will an einem Wettbewerb teilnehmen.

„Zuerst müssen _____ uns über den Klimawandel informieren.

_____ bedroht unsere Erde", meint Tim. Herr Kuzu klärt

5 mit den Kindern die Aufgabe und fragt: „Kennt _____ euch schon

mit Suchmaschinen für Kinder aus? Auf welchen Seiten wollt _____

Infos suchen?" Dann gibt _____ den Gruppen die Tablets.

_____ finden viele Infos für ihr Projekt.

2 Tauscht euch aus, was ihr oder eure Familie für den Klimaschutz tut.

Ich mache das Licht aus, wenn ich aus dem Raum gehe.

Wir fahren oft mit dem Rad.

Papa kauft Obst und Gemüse aus der Gegend.

...

Bei **zusammengesetzten Nomen** richtet sich der Artikel immer nach dem letzten Nomen:
die Haustür – das Haus, **die** Tür.

① Finde die zusammengesetzten Nomen. Schreibe wie im Beispiel.

die Hand   **der** Schuh

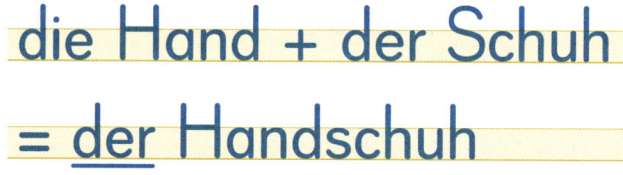
die Hand + der Schuh
= der Handschuh

der Sand   **die** Burg

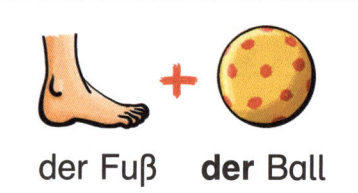
der Fuß   **der** Ball

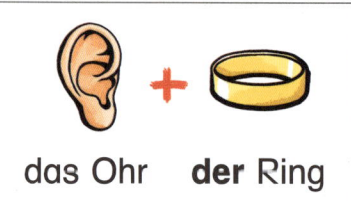
das Ohr   **der** Ring

das Eis   **der** Würfel

der Regen   **die** Jacke

② Bilde zusammengesetzte Nomen.
Füge jeweils n oder s zwischen den Wörtern ein.

Zusammengesetzte
Nomen haben oft ein **n** oder **s**
zwischen den Nomen: Katze_n_futter,
Frühling_s_zwiebel.

die Katze	das Futter

das Katze_n_futter

der Frühling	die Zwiebel

die Schnecke	das Haus

die Tomate	die Soße

das Glück	der Käfer

die Zitrone	die Limonade

③ Unterstreiche in ② immer den eingefügten Buchstaben.

> Bei Verben in der **Grundform** steht am Ende **en**: gehen.
> Verben haben **Personalformen**:
> ich geh**e**, du geh**st**, er/sie/es geh**t**, wir geh**en**, ihr geh**t**, sie geh**en**.

1 Unterstreiche die fünf Verben.
Schreibe die Grundform auf.

Emilia <u>geht</u> in die Klasse 3b.   gehen

Sie <u>backt</u> gern Kuchen.

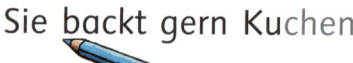

Sie spielt Fußball.

Sie sammelt Sticker.

Sie liebt ihre Hobbys.

2 Schreibe alle Personalformen des Verbs hören ab.
Unterstreiche die Endungen.

ich hör**e**	ich
du hör**st**	du
er, sie, es hör**t**	er, sie, es
wir hör**en**	wir
ihr hör**t**	ihr
sie hör**en**	sie

1 Schreibe in Sätzen auf, was die Kinder tun.
Unterstreiche die Verben.

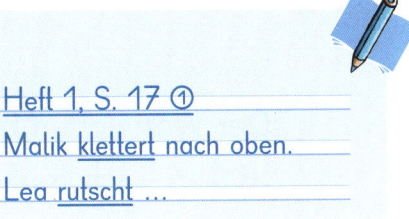

Heft 1, S. 17 ①
Malik klettert nach oben.
Lea rutscht ...

sitzt

trinkt

redet

rutscht

klettert

spielt

springt

ruft

kickt

2

Ich **springe** gern.

Lisa **springt** gern.
Ich **kicke** gern.

Lisa ...,
Tim ..., ich ...

> Verben haben einen **Wortstamm** und eine **Endung**.
> Der Wortstamm bleibt meist gleich:
> **trink**en – ich **trink**e, **sing**en – du **sing**st, **renn**en – er **renn**t.

① Immer drei Verbformen gehören zusammen.
Schreibe sie auf.

Ich **male** gern!

malen	**träum**en	**sing**en

gehen	**bau**en	**spiel**en

ich **träum**e	ich **geh**e	ich **spiel**e

ich **mal**e	ich **bau**e	ich **sing**e

er **spiel**t	sie **sing**t	sie **träum**t

sie **mal**t	er **geh**t	er **bau**t

<u>malen</u>   <u>ich male</u>   <u>sie malt</u>

② Unterstreiche die Wortstämme in ①.

Lernportion 2: Verben

18

AH 14

1 Setze die Verben der Reihe nach in der passenden Form ein.

a) falten · bilden · zeigen · steigen · loslassen

Durch die Arme steigen

Jedes Kind **faltet** seine Hände und

_____ mit seinen Armen einen Ring,

der zu seinen Füßen _____ .

Alle Kinder _____ auf ein Zeichen

durch ihren Armring, ohne dass sie die Hände

_____ .

b) kreuzen · falten · drehen · schauen · zeigen · versuchen · bewegen

Der richtige Finger

Ein Kind **kreuzt** seine Arme und

_____ seine Hände. Es _____ die Hände so

nach oben, dass es auf seine Finger _____ .

Ein anderes Kind _____ abwechselnd auf einen Finger.

Das erste Kind _____ , diesen zu _____ .

2 Unterstreiche bei den Verben in ① den Wortstamm.

Bei manchen Verben ändert sich der Wortstamm:
schlafen – er **schläft**, **les**en – du **lies**t.

① Immer zwei Verbformen gehören zusammen. Schreibe sie auf.

| ~~essen~~ | laufen | erschrecken | waschen |

sie **wäscht**   du **läufst**   sie **erschrickt**   er ~~isst~~

essen – er isst,

② Setze die richtigen Verbformen ein.

Die Klasse 3a **macht** einen Ausflug in die Bücherei.
machen

Eine Frau _____ schon am Eingang.
warten

Sie _____ die Kinder zu den Büchern.
führen

Dort _____ sie den Kindern vor.
lesen

Dann _____ alle ihr Lieblingsbuch.
suchen

Zum Schluss _____ jedes Kind einen Bücherei-Ausweis.
erhalten

Bei zwei Verben ändert sich der Wortstamm.

Bei dem Verb **sein** verändert sich das ganze Wort.

ich bin
du bist
er ist
sie ist
es ist
sein
sie sind
ihr seid
wir sind

① Setze die richtigen Formen von sein ein.

seid · ~~sind~~ · ist · bist · bin

Emil und Milan **sind** Freunde. Manchmal haben sie Streit.

Dann sagt Milan: „Ich _____ nicht mehr dein Freund."

Emil _____ sauer und antwortet: „Du _____ gemein."

Milans Mama sagt: „Hört auf zu streiten.

Zusammen _____ ihr stärker."

② Sagt euch gegenseitig etwas Nettes.
Schreibt es zuerst auf.

Du bist ein guter Handballer.

Die Klasse 3a ist eine tolle Klasse.

Ihr seid eine tolle Klasse.

Koki ist ein guter Handballer.

Einzahl	Mehrzahl
ich habe	wir haben
du hast	ihr habt
er hat	sie haben
sie hat	
es hat	

Das sind die Formen des Verbs **haben**.

① Setze die richtigen Formen von haben ein.

Bente und Rani sind im Garten.

Sie bauen Burgen im Sand und __haben__ viel Spaß.

Nach einer Weile sagt Bente: „Ich _____ Hunger."

Rani fragt: „Bente, _____ du Lust auf ein Eis?

Wir _____ Eis gekauft."

Bente _____ Lust auf Eis und fragt: „Welche Sorte

_____ ihr denn?" „Schoko-Eis, das liebe ich!", ruft Rani.

„Cool", meint Bente, „da _____ wir etwas gemeinsam."

  ②

sie hat

Jetzt bin ich dran.

> **Vorsilben** wie **ab**, **auf**, **aus**, **be**, **ein**, **ver**, **vor** kann ich
> vor Verben stellen. Vorsilben ändern die Bedeutung von Verben:
> **auf**fahren, **ab**fahren.

① Bilde Verben mit fahren.
Unterstreiche die Vorsilben.

| auf | vor | ab | be | hin | weiter | weg |

auffahren,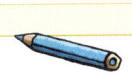

② Schreibe auf, was Malik tut.
Unterstreiche wie im Beispiel.

A eine Geschichte

abschreiben

B ein Gedicht

vortragen

Heft 1, S. 23 ②
A: abschreiben –
   Malik schreibt eine
   Geschichte ab.
B: ...

C den Ball

abgeben

D Wasser

ausgießen

Lernportion 2: Verben

Plenum: an Beispielen beschreiben, wie unterschiedliche Vorsilben die Bedeutung von Verben verändern; unterschiedliche Bedeutungen erklären

23

① Unterstreiche die Verben der Wortfelder <u>essen</u> und <u>sagen</u>.

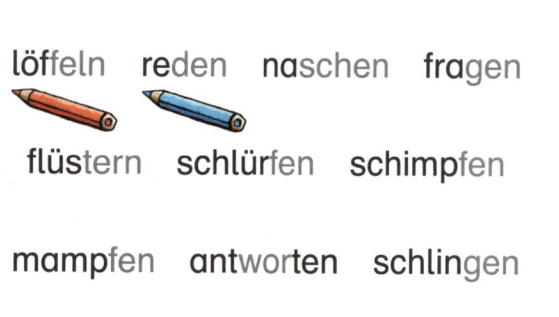

löffeln   reden   naschen   fragen

flüstern   schlürfen   schimpfen

mampfen   antworten   schlingen

Wörter mit ähnlicher Bedeutung bilden ein **Wortfeld**.

② Markiere nur die Wörter aus dem Wortfeld gehen.

schlendern   laufen   schwimmen

humpeln   schlafen   lesen   wandern

spazieren   rennen   streiten   schleichen

kriechen   turnen   flitzen

 ③

Am Sonntag besichtige ich eine Burg.

besichtigen

starren   beobachten

glotzen

entdecken   blinzeln   betrachten

Lernportion 2: Verben

Plenum: beschreiben, welche Wirkung erreicht wird, wenn man abwechslungsreiche, genaue Verben verwendet

Aus Verben und Nomen
bilde ich neue **Nomen**:
lesen + das Buch = das Lesebuch.

① Lies den Text.

Im Zoo

Die Klasse 3a ist im Zoo.

Tim findet die Schleichkatze toll.

Die Wanderratte und das Stinktier will

die ganze Klasse sehen.

Der Brüllaffe und der Springbock sind

ganz nah. Rani kann

auch die Klapperschlange und die

Springmaus genau sehen.

② Unterstreiche in ① die zusammengesetzten Nomen.
Tipp: Es sind sieben Tiere.

③ Bilde zusammengesetzte Nomen.
Schreibe wie im Beispiel.

| turnen | rollen | fahren | hüpfen |

| Treppe | Burg | Schuh | Rad |

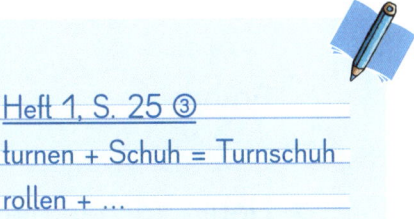

Heft 1, S. 25 ③
turnen + Schuh = Turnschuh
rollen + ...

Lernportion 2: Verben

> **Die Zeitformen der Verben** zeigen, **wann** etwas geschieht.
> • in der **Gegenwart** (heute): Rani **spielt** Klavier.
> • in der **Vergangenheit** (früher): Malik **spielte** Geige.

1 Setze die Verben in der Vergangenheit ein.

suchten	kochten	nutzten	schickten	hörten

★ Heute hören die meisten Menschen Musik über das Internet.

Früher _____ viele Menschen Musik auf Schallplatten.

★ Heute nutzen viele Menschen das Auto.

Früher _____ die Menschen Kutsche und Pferd.

★ Heute schicken viele Menschen Nachrichten als E-Mail.

Früher _____ die meisten Menschen Briefe.

★ Heute suchen die Menschen Infos meist im Internet.

Früher _____ die Menschen Informationen im Lexikon.

★ Heute kochen die Menschen auf dem Herd.

Früher _____ die Menschen über dem Feuer.

> Bei manchen Verben verändert sich in der Vergangenheit
> der Wortstamm: wir **seh**en – wir **sah**en.
> Das sind **unregelmäßige Verben**.

② Immer drei Verbformen gehören zusammen. Markiere sie farbig.

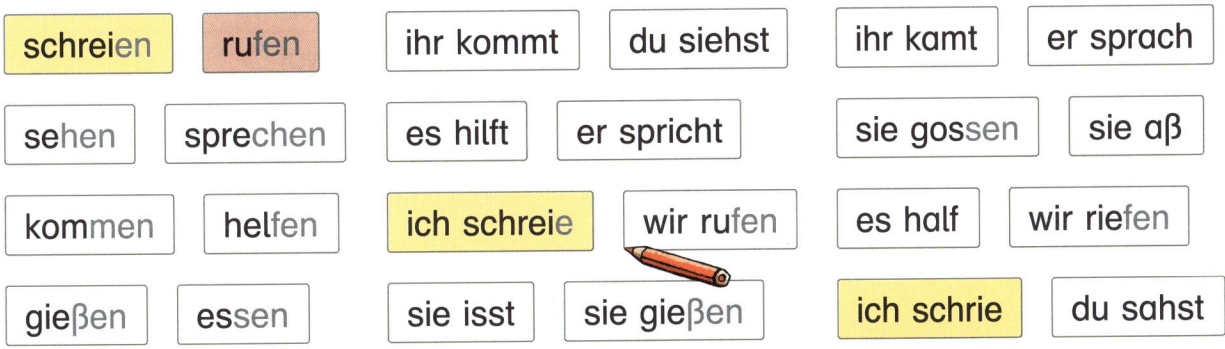

schreien	rufen	ihr kommt	du siehst	ihr kamt	er sprach
sehen	sprechen	es hilft	er spricht	sie gossen	sie aß
kommen	helfen	ich schreie	wir rufen	es half	wir riefen
gießen	essen	sie isst	sie gießen	ich schrie	du sahst

③ Trage die Verbformen aus ② in die Tabelle ein.

Grundform	Gegenwart	Vergangenheit
schreien	ich schreie	ich schrie

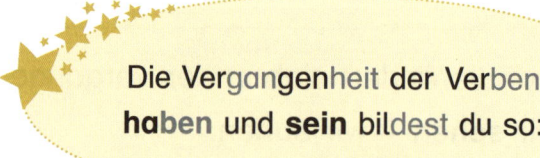

Die Vergangenheit der Verben **haben** und **sein** bildest du so:

haben	
Einzahl	**Mehrzahl**
ich hatte	wir hatten
du hattest	ihr hattet
er hatte	sie hatten
sie hatte	
es hatte	

sein	
Einzahl	**Mehrzahl**
ich war	wir waren
du warst	ihr wart
er war	sie waren
sie war	
es war	

1   Ordne jeder Form in der Vergangenheit die Grundform zu.

| ihr wart | ich stand | sie bekam | du hattest | es trank |

| du fragtest | er saß | wir halfen | er ging | ich lag |

| haben | helfen | sein | trinken | sitzen |

| stehen | gehen | fragen | liegen | bekommen |

ihr wart – sein,

1 Setze die Verben in der Vergangenheit ein.

| halfen | deckten | zogen | mussten |

| arbeiteten | schlugen | ~~gab~~ |

So baute man früher ein Haus

Früher _gab_ es kaum Maschinen. Die Menschen

_____ zusammen. Beim Bau eines Hauses _____

sie alle anpacken. Die ganze Familie und die Nachbarn _____.

Die Männer _____ die Balken von Hand auf das Dach.

Dann _____ sie Holznägel ein.

Das Dach _____ sie mit Platten aus Schiefer.

2 Schreibe die Verben aus ① in der Vergangenheit und in der Gegenwart auf.

es gab – es gibt,

1 Lies den Text. Setze die Verben in der Vergangenheit ein.

Schule früher

Früher **trugen** _____ die Jungen kurze Hosen.
tragen

Das _____ nicht nur im Sommer so. Im Winter _____ sie
sein   ziehen

dazu dicke Strümpfe an. So _____ sie sich auf den Weg
machen

in die Schule. Die Mädchen _____ mit Kleidern in die Schule.
gehen

Oft _____ sie noch eine Schürze darüber.
binden

In der Schule _____ Mädchen und Jungen oft getrennt.
sitzen

Die Kinder _____ auf kleine Tafeln.
schreiben

2 Schreibe kurze Sätze über deinen letzten Geburtstag.
Die Kärtchen und Bilder können dir helfen.

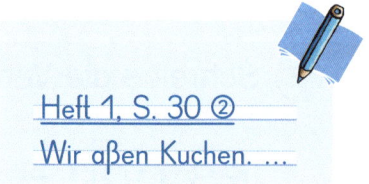

Heft 1, S. 30 ②
Wir aßen Kuchen. ...

| Wir tanzten | Wir spielten | Wir sangen |

| Wir aßen | Wir tranken | Wir ... |

Lernportion 3: Zeitformen der Verben

MK-Tipp: mit Hilfe einer Kindersuchmaschine im Internet zum Thema „Schule früher" recherchieren; ein Plakat dazu gestalten

30

Mit **Adjektiven** kannst du genau beschreiben.

① Schreibe zu jedem Tier zwei passende Adjektive.

grau	leicht	gestreift	bunt	klug	schwer

scheu	kräftig	schnell

schwer,

② Beschreibe Tiere mit Adjektiven. Lass ein Kind die Tiere erraten.

Das Tier ist **grau**. Es ist auch sehr **schwer**.

Ist es ein Hai?

① Sieh dir Cans und Pauls Hosen an.
Schreibe C oder P zu den Adjektiven.

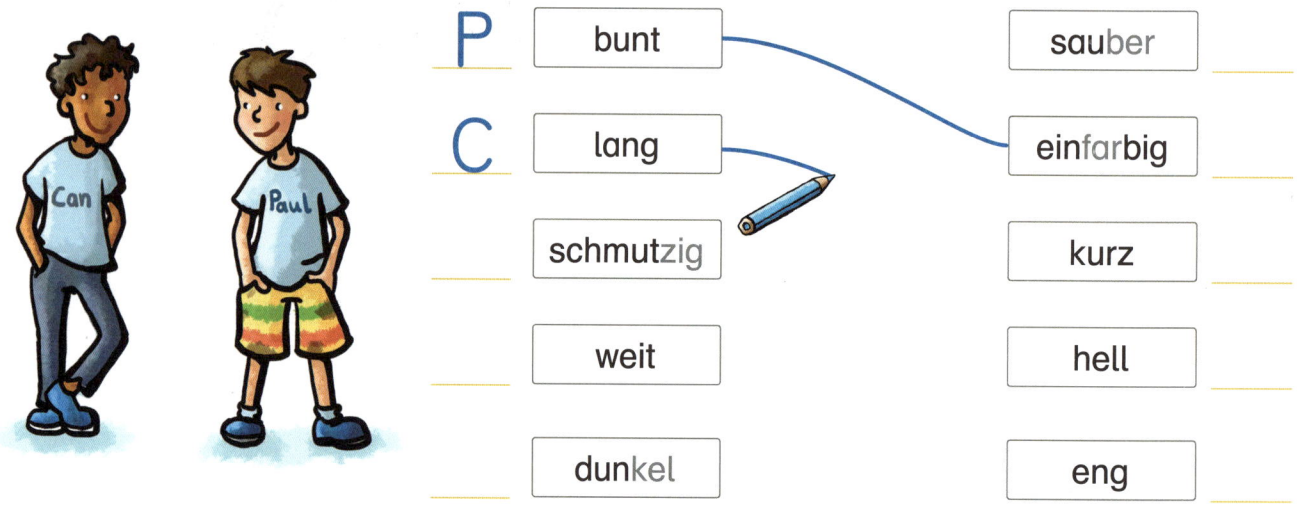

P bunt   sauber

C lang   einfarbig

  schmutzig   kurz

  weit   hell

  dunkel   eng

② Verbinde die Gegensätze aus ①.

③ Ergänze das Gegenteil.

kalt   schmutzig   hart   schwer   langsam

Was **leicht** ist, ist nicht **schwer** .

Was **weich** ist, ist nicht _____ .

Was **warm** ist, ist nicht _____ .

Was **schnell** ist, ist nicht _____ .

Was **sauber** ist, ist nicht _____ .

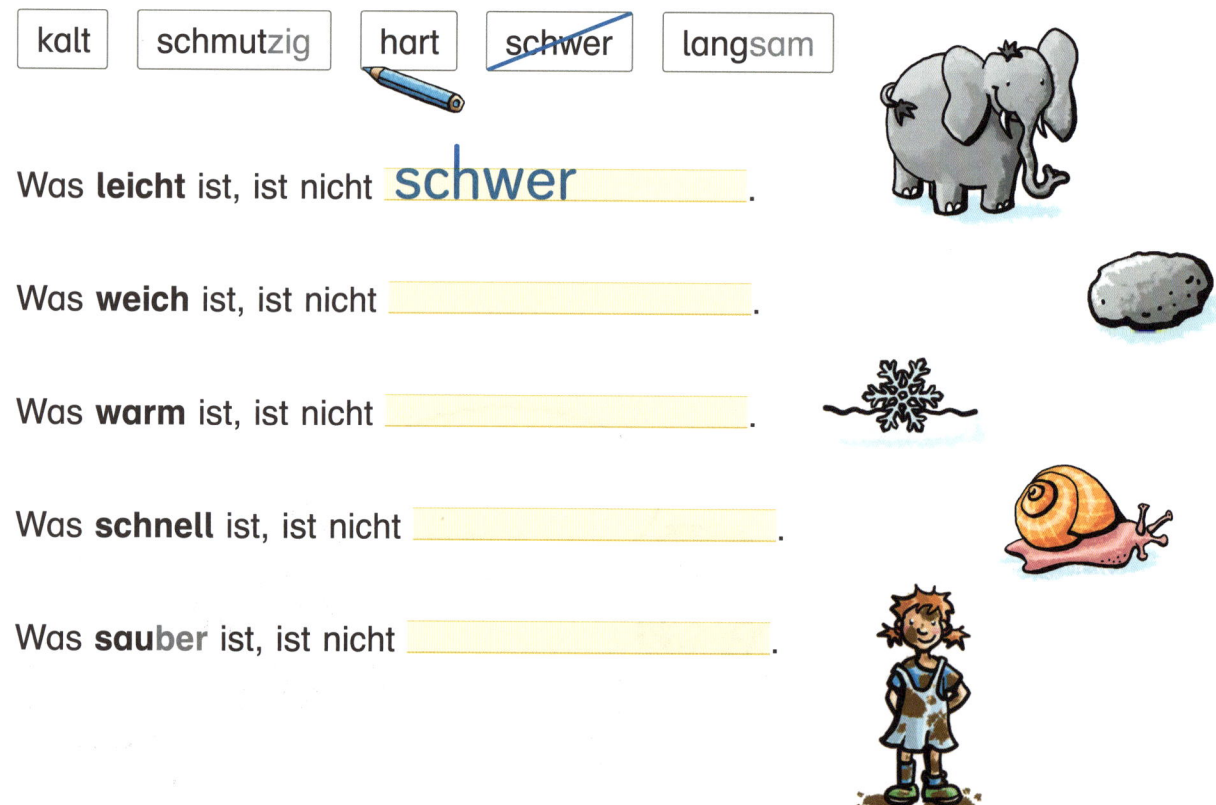

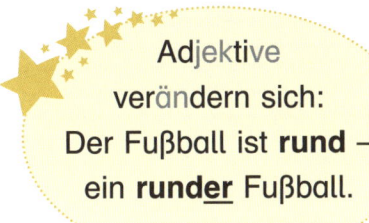

Adjektive
verändern sich:
Der Fußball ist **rund** –
ein **rund<u>er</u>** Fußball.

① Zu jedem Adjektiv passt ein Nomen.
Markiere die Paare jeweils mit einer Farbe.

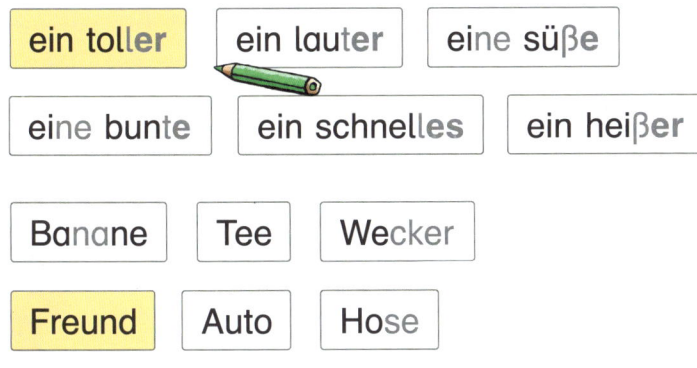

| ein tol**er** | ein lau**ter** | eine sü**ße** |

| eine bun**te** | ein schnell**es** | ein hei**ßer** |

| Banane | Tee | Wecker |

| Freund | Auto | Hose |

② Schreibe die Paare aus ① auf.
Unterstreiche die Endungen der Adjektive.

ein tol<u>er</u> Freund,

③ Schreibe Sätze wie im Beispiel.
Du kannst die Wörter aus ① nutzen.

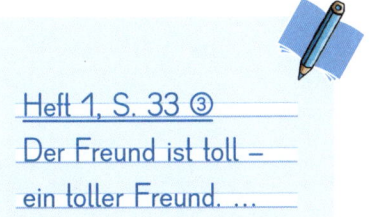

Heft 1, S. 33 ③
Der Freund ist toll –
ein toller Freund. ...

Lernportion 4: Adjektive

> Aus Nomen kann ich **Adjektive** bilden.
> Dazu füge ich **ig** oder **lich** an den Wortstamm an:
> der Mut – mut**ig**, der Friede – fried**lich**.
> Manchmal ändert sich dann der Vokal im Wortstamm:
> der Tag – t**äglich**, die Gefahr – gef**ährlich**.

1 Zu jedem Nomen passt ein Adjektiv.
Markiere die Paare jeweils mit einer Farbe.

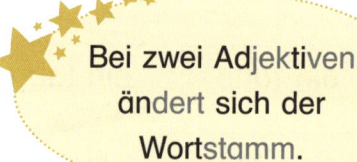

Bei zwei Adjektiven ändert sich der Wortstamm.

der Mut	der Witz	der Tag	der Friede
die Sonne	die Gefahr	der Freund	die Ruhe

ruhig	friedlich	mutig	freundlich
täglich	witzig	sonnig	gefährlich

2 Ordne die Adjektive aus **1** in die Tabelle ein.

Adjektive mit ig	Adjektive mit lich

1 Setze die Adjektive ein.

saftig	glücklich
~~sommerlich~~	vorsichtig
ängstlich	neugierig
gefährlich	gemütlich
sportlich	hungrig	riesig

Es ist **sommerlich** .
　　　　der Sommer

Emil steht vor dem Baum und ist _____.
　　　　　　　　　　　　der Hunger

Die reifen Kirschen sind _____.
　　　　　　　　　　　der Saft

Emil ist _____ und klettert bis nach oben.
　　　der Sport

Er isst Kirschen und ist _____.
　　　　　　　　　　das Glück

Da hört er ein Knacken und wird _____.
　　　　　　　　　　　　die Angst

Wird es jetzt _____? Er ist ganz _____
　　　　die Gefahr　　　　　　　　　die Vorsicht

und schaut nach unten. Was ist das?

Seine Freundin Lea ist _____ und klettert zu ihm hoch.
　　　　　　　　　die Neugier

Emil freut sich _____. Sie sitzen _____
　　　　　der Riese　　　　　　　das Gemüt

zusammen auf dem Baum.

Mit Adjektiven kann ich **vergleichen**.
Adjektive haben eine **Grundform**
und zwei **Vergleichsstufen**.

Koki ist **groß**.   (Grundform)
Rani ist **größer**.   (1. Vergleichsstufe)
Lea ist **am größten**.   (2. Vergleichsstufe)

(1) Schreibe auf, was die Kinder über sich sagen.

Ich bin schnell.

Grundform: Malik

Ich bin schnell.

1. Vergleichsstufe: Hanna

Ich bin

2. Vergleichsstufe: Tim

Ich bin stärker.

Grundform: Lisa

Ich bin

1. Vergleichsstufe: Emil

2. Vergleichsstufe: Bente

Lernportion 4: Adjektive

Plenum: an Beispielen das Vergleichen mit Adjektiven zeigen

 Manchmal verändern sich die Formen: **klug** – **klüg**er – am **klüg**sten.

① Immer drei Formen gehören zusammen. Markiere sie jeweils mit einer Farbe.

| am dicksten | fröhlich | älter | klug | am höchsten | dicker |

| hungrig | alt | am fröhlichsten | wichtig | größer | am hungrigsten |

| wichtiger | am größten | dick | höher | am ältesten | klüger |

| fröhlicher | am wichtigsten | am klügsten | groß | hungriger | hoch |

② Ergänze die Formen aus ①.

Grundform	1. Vergleichsstufe	2. Vergleichsstufe
dick		
		am größten
klug		
fröhlich		
	hungriger	
alt		
hoch		
		am wichtigsten

 Lernportion 4: Adjektive

MK-Tipp: mit Hilfe einer Kindersuchmaschine im Internet Rekorde im Weitsprung und Hochsprung recherchieren; Vergleiche schreiben

AH 31 **37**

① Sieh dir das Bild an. Lies, wann man mit als und wann man mit wie vergleicht.

Jana Kamil Kai Laya Mika

Jana ist **größer als** Kai.

Mika ist **so groß wie** Jana.

Laya ist **größer als** Mika.

Kamil ist am größten.

② Schreibe Sätze mit Vergleichen wie in ①.

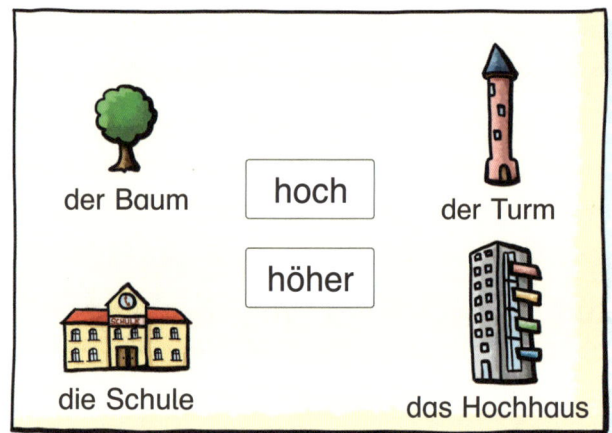

der Baum | hoch | der Turm
höher
die Schule | das Hochhaus

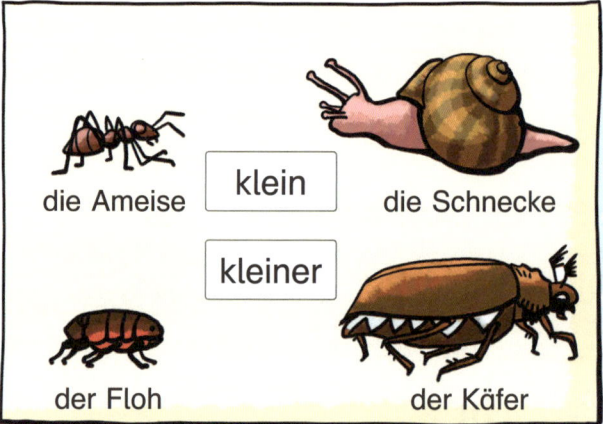

die Ameise | klein | die Schnecke
kleiner
der Floh | der Käfer

Der Turm ist höher als der Baum.

Der Baum ist so hoch wie

① Bilde zusammengesetzte Adjektive.

 + rund
die Kugel

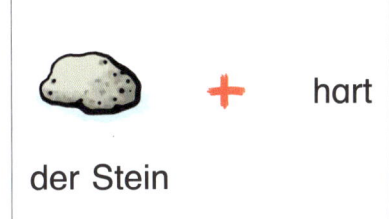 + hart
der Stein

kugelrund

 + leicht
die Feder

 + kalt
das Eis

 + süß
der Zucker

 + grün
das Gras

 + hoch
das Haus

 + weiß
der Schnee

② Schreibe Sätze mit einigen zusammengesetzten Adjektiven aus ①.

Das Wasser ist eiskalt.

① Trage die zusammengesetzten Nomen in die Tabelle ein.
Schreibe wie im Beispiel.

Buntspecht	Wildschwein
Spitzmaus	Blaumeise
Graureiher	Braunbär
Grünspecht	Rothirsch

zusammengesetztes Nomen	Adjektiv + Nomen
Buntspecht	**bunt + Specht**

> Nach einem **Aussagesatz** steht ein **Punkt**:
> Der Ball rollt auf die Straße.
> Nach einer **Aufforderung** oder einem **Ausruf** steht ein **Ausrufezeichen**:
> Beeilt euch!

① Setze nach jedem Satz einen Punkt.

In der Nacht hat es geschneit Die Kinder freuen

sich Einige fahren mit ihren Schlitten Tim ist gerade

hingefallen Zum Glück ist nichts passiert

② Ordne jedem Kind den passenden Ausrufesatz zu.

| Fahr nicht so schnell! | Wir sind schneller! | Juhu, das macht Spaß! |

Tim:

Rani:

Lisa:

> Nach einer **Frage** steht ein **Fragezeichen**: Wie alt bist du **?**

(1) Male die Sprechblasen mit Fragesätzen aus. Ergänze die Fragezeichen.
Setze in den übrigen Sprechblasen die Punkte am Satzende.

(2) Ergänze die Fragewörter und die Fragezeichen.

Wer _____ kommt mit zum Spielplatz _**?**_

_____ wollen wir machen _____

_____ ist meine Brille _____

_____ fahren wir in den Ferien _____

_____ geht es dir _____

Wo ~~Wer~~
Was
Wie Wohin

 (3) Die 3a hat Fragen an die Streitschlichter aus der 4b.
Schreibt Fragesätze auf.

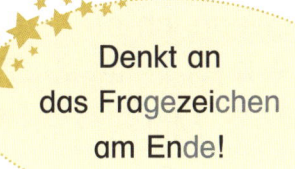
Denkt an das Fragezeichen am Ende!

Die Kinder wollen wissen:
– welche Aufgaben Streitschlichter haben.
– ob es Spaß macht, Streitschlichter zu sein.
– wann Streitschlichter gebraucht werden.
– wie viele Streitschlichter es an der Schule gibt.
– wie man Streitschlichter werden kann.
– ob es schwierig ist, Streitschlichter zu sein.

Welche Aufgaben haben Streitschlichter?

Macht es Spaß,

Wann werden

Wie viele

Wie kann man

Ist es

(4) Markiere in (3) die Fragezeichen.

Lernportion 5: Sätze

Plenum: sich über eigene Erfahrungen als Streitschlichter oder mit Streitschlichtern austauschen
MK-Tipp: eine Streitsituation im Rollenspiel darstellen, aufnehmen und besprechen

Wenn ich etwas aufzähle, dann muss ich Kommas setzen:

Ich packe meine Tasche und nehme
eine Mütze, eine Sonnenbrille, Handschuhe und ein Buch mit.

 ①

1 Ich packe meine Tasche und nehme eine Mütze mit.

2 Ich packe meine Tasche und nehme eine Mütze und eine Sonnenbrille mit.

3 Ich packe meine Tasche und nehme eine Mütze, eine Sonnenbrille und … mit.

② Schreibe fünf Dinge auf, die du auf eine Reise mitnehmen willst.

Ich nehme

Lernportion 5: Sätze

Plenum: im Spiel die Merkmale einer Aufzählung verdeutlichen;
die Verwendung des Kommas als Trennzeichen beschreiben

44   D 9

AH 38

① Sieh dir das Bild an.

a) Was ist da los?
Schreibe vier Sätze.

b) Was sagen und fragen die Leute?
Schreibe Sätze mit den richtigen Zeichen am Ende.

Heft 1, S. 45 ①
a) Ein Ball rollt auf die Straße.
...

② Spielt Szenen aus dem Bild nach.

Lernportion 5: Sätze

MK-Tipp: eine Szene nachspielen, aufnehmen und besprechen

45

> Was gesprochen wird, nennt man **wörtliche Rede**.
> Davor stehen **Anführungszeichen** unten, danach stehen sie oben.
> „Ich verstehe nicht, warum ich Englisch lernen soll."

1 Lies die Witze.

Vater und Sohn

Sohn: „Ich verstehe nicht,
        warum ich Englisch lernen soll.

Vater: Aber Kind, die halbe Welt spricht Englisch!

Sohn: Ja, eben! Genügt das nicht?

David und der Hund

David: Würden Sie den Hund mal streicheln?

Frau: Aber gern. Du magst den Hund sicher sehr.

David: Das ist doch nicht mein Hund.
        Ich wollte nur wissen, ob er beißt!

Zwei Hennen

Sagt die eine Henne zur anderen: Letzte Nacht hatte ich
                                   mindestens 40 Grad Fieber.

Fragt die andere: Woher weißt du das?

Meint die erste: Heute Morgen hab ich
                   ein gekochtes Ei gelegt.

2 Ergänze in **1** alle Anführungszeichen.

> Im **Begleitsatz** steht, **wer** spricht. Nach dem Begleitsatz
> steht ein **Doppelpunkt**. Danach wird **groß**geschrieben:
> Emil **schimpft**: „Pass auf!"

1 Sieh dir das Bild an. Lies die Sätze.

2 Schreibe jeden Satz aus **1** als wörtliche Rede
mit Begleitsatz auf. Nutze passende Verben.

schimpfen	flüstern	denken	fragen
antworten	meinen	erklären	rufen

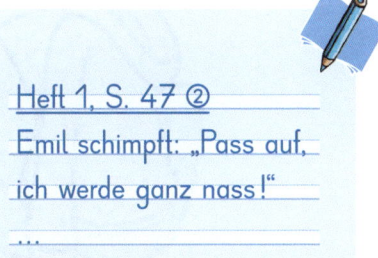

Heft 1, S. 47 ②
Emil schimpft: „Pass auf,
ich werde ganz nass!"

...

Lernportion 6: Wörtliche Rede

47

(1) Lies den Text.

1 Treffen sich zwei Vögel.

Fragt der eine: „Was sollen wir machen?"

Darauf der andere: „Lass uns zum See fliegen."

Fragt der erste: „Wo treffen wir uns?"

5 Meint sein Freund: „Auf der Eiche am Hafen."

Darauf der erste: „Gut, flieg schon mal los,

ich habe noch etwas zu tun."

Der eine Vogel fliegt los. Nach drei Stunden

ist sein Freund auch da. Er fragt: „Wo warst du so lange?"

10 Da meint der andere Vogel: „Ach, ich dachte,

bei dem schönen Wetter gehe ich zu Fuß."

(2) Unterstreiche in **(1)** die Redebegleitsätze.
Markiere die Doppelpunkte und die Anführungszeichen.

(3) Lest den Text aus **(1)** mit verteilten Rollen.

Ich bin der Erzähler und lese auch die Begleitsätze.

Ich lese den einen Vogel.

Ich lese den anderen Vogel.

D 10

Lernportion 6: Wörtliche Rede

MK-Tipp: einen Text mit verteilten Rollen vorlesen und aufnehmen

AH 45

1 Lies, was Leo und Mug sagen.

Mug und **Leo**:

Ab heute sind wir cool

> Was machen wir,
> wenn wir cool sind, Leo?

> Wenn wir zwei Coole sind, dann
> schauen wir uns Filme an, für die wir
> eigentlich noch zu klein sind.

> Filme mit Monstern
> und Vampiren und so?

> Coole schauen nur Filme,
> bei denen ihnen das Blut
> in den Adern gefriert.

> Wa-, wa-, warum
> tun sie das?

> Weil ihnen dann vor Angst
> die Haare zu Berge stehen und das sieht
> so was von cool aus, Mann!

Susann Opel-Götz ◇

2 Schreibe zu jeder Blase in ① einen Satz
mit wörtlicher Rede.
Setze die Zeichen.

| Mug fragt | Mug erkundigt sich |

| Mug stottert |

| Leo antwortet | Leo erwidert | Leo betont |

Heft 1, S. 49 ②
Mug fragt: „Was machen wir,
wenn wir cool sind, Leo?"
Leo antwortet: „..."

> Ein Satz hat mehrere Satzteile.
> Diese Satzteile heißen **Satzglieder**.
> Sie können aus **einem Wort** oder **mehreren Wörtern** bestehen.

(1) Schreibe Sätze zu diesen Farben.

> Achte auf die Großschreibung am Anfang und den Punkt am Ende.

A

B

C

die Hunde	schwimmen	in den Ferien	im Wasser
die Angler	fischen	am Abend	in den Wellen
die Kinder	spielen	morgens	am Strand

Die

(2) Besprecht, was die Satzglieder in den farbigen Kästen gemeinsam haben.

Satzglieder kann man umstellen.
Die Wörter eines Satzgliedes bleiben dabei zusammen.

Lea und Koki	gehen	heute	ins Museum	.
Heute	gehen	Lea und Koki	ins Museum	.
Ins Museum	gehen	heute	Lea und Koki	.
Gehen	Lea und Koki	heute	ins Museum	?

1 Lest die Sätze. Wählt einen Satz aus.

| Lea und Koki | gehen | heute | ins Technikmuseum | . |

| Zur Oldtimer-Ausstellung | gehen | sie | zuerst | . |

| Danach | gehen | sie | zu den E-Autos | . |

| Sehr interessiert | betrachten | sie | die Fahrräder | . |

| Zum Abschluss | essen | sie | im Café | ein Eis | . |

Der erste Buchstabe im Satz muss großgeschrieben werden.

a) Schreibt den Satz auf einen langen Streifen Papier.
Zerschneidet den Satz an den roten Linien.

b) Verschiebt die Satzglieder.
Bildet so viele Sätze wie möglich.

c) Klebt einen Satz auf.
Ergänzt die Satzzeichen am Ende.

Lernportion 7: Satzglieder

Plenum: Ergebnisse im Zusammenhang mit dem Umstellen von Satzgliedern vorstellen

> Satzglieder haben Namen. In jedem Satz ist ein **Subjekt**.
> Das Subjekt sagt, **wer** oder **was** etwas tut.
> Nach dem **Subjekt** frage ich mit **Wer** oder **Was?**
> Alle Kinder freuen sich.
> **Wer** freut sich? **alle Kinder**
> Das Wetter ist schön.
> **Was** ist schön? **das Wetter**

① Frage nach dem Subjekt. Schreibe die Fragen auf.

Alle Kinder freuen sich auf die Ferien.

Wer freut sich auf die Ferien?

Seit Wochen ist das Wetter schön.

Was ist

In der Pause spielen sie im Freien.

Die Lehrerin holt die Bücher.

Im Hof macht die Lehrerin ein Foto.

Der Chor singt Lieder.

Bald ist die Schule aus.

In jedem Satz ist auch ein **Prädikat**.
Es sagt, **was jemand tut** oder **was geschieht**.
Nach dem **Prädikat** frage ich mit **Was tut …?** oder **Was geschieht …?**
Die Zuschauer jubeln.
Was tun die Zuschauer? Sie **jubeln**.
In der Pause regnet es.
Was geschieht in der Pause? Es **regnet**.

① Frage nach dem Prädikat. Schreibe die Fragen auf.

Bente schießt.

Was tut Bente?

Mila hält.

Die Zuschauer jubeln.

Der Schiedsrichter pfeift.

In der Pause regnet es.

Die Haare und Trikots tropfen.

Nach der Pause scheint die Sonne.

① Lies die Sätze. Unterstreiche Subjekte und Prädikate.

In der Pause spielen viele Kinder

ein Spiel. Das Spiel geht

nur bei Sonne. Ein Kind fängt.

Es berührt den Schatten eines anderen Kindes

mit dem Fuß. Dieses Kind ist dann raus.

② Lest die Sätze. Unterstreicht Subjekte und Prädikate.

Auf dem Hof spielen viele Klassen.

Die Kinder haben jeden Tag neue Ideen. Die großen

Kinder zeigen ihre Ideen gern den kleinen.

Die Lehrerin gibt den Kindern Seile und Kreide.

Damit malt eine Gruppe auf dem Boden.

Zwei Jungen klettern auf dem Gerüst.

Alle schaukeln gern auf der Schaukel.

③ Schreibt selbst Sätze. Unterstreicht Subjekte und Prädikate.

④ Hier kannst du die Teile eines Märchens bestimmen.
Markiere immer ein Kärtchen gelb.

Vor langer Zeit lebte

| ein Bauer | ein Prinz | ein König |.

Ganz allein wohnte er

| in einem Schloss | in einer Hütte | in einem Stall |.

Eines Tages fand er

| einen Kelch | einen Edelstein | einen Ring |.

Er berührte ihn

| mit einem Finger | mit dem Fuß | mit einem Stock |.

Da ertönte

| ein Donnern | ein Kichern | ein Klopfen |.

Schnell versteckte er seinen Fund

| in einem Baumstumpf | hinter einem Stein | unter der Erde |.

Er ging

| in den Wald | auf einen Berg | in eine Höhle |.

Und wenn er nicht gestorben ist, dann lebt er dort noch heute.

⑤ Schreibe dein Märchen aus ④ auf.

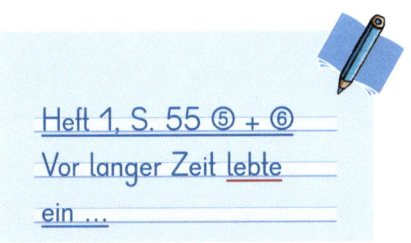

⑥ Unterstreiche in deinem Märchen zu ⑤
die Subjekte und Prädikate.

Heft 1, S. 55 ⑤ + ⑥
Vor langer Zeit lebte
ein ...

 ① Stellt euch gegenseitig Fragen
zum Subjekt und Prädikat.
Nutzt die Wörter auf den Karten.

> **Wer** klettert?
> **Was** tut Emil?

unter die Bank kriechen

| einen Ball werfen | | mit dem Tuch spielen |

| klettern | | Handstand machen |

② Schreibe je drei Fragen aus ① zum Subjekt und Prädikat auf.

Wer klettert?

Was tut

Hello!
Good morning!

Witam!
Dzień dobry!

Ciao!
Buon giorno!

Merhaba!
İyi günler!

Do you want to play with me?
Yes, of course.

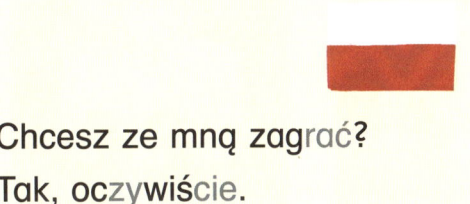

Chcesz ze mną zagrać?
Tak, oczywiście.

Vuoi giocare con me?
Si, certo.

Benimle oynar mısın?
Evet.

 ① Untersucht verschiedene Sprachkärtchen. Ihr könnt:

- die Sprache bestimmen

- euch über die Aussprache informieren

- euch begrüßen

- die Wörter übersetzen

- die Sprachen vergleichen

- weitere Sprachen ergänzen

Lernportion 8: Entdeckungen bei Sprache und Schrift

Plenum: Begrüßungen und Sätze in verschiedenen Sprachen kennenlernen
MK-Tipp: mit Hilfe einer Kindersuchmaschine oder eines Internet-Wörterbuches weitere Sprachen ergänzen und eigene Karten gestalten

 **AH** 56

 57

> Ein **Dialekt** (eine Mundart) ist die Art, wie eine Sprache in einer bestimmten Gegend gesprochen wird. In Deutschland gibt es zum Beispiel den sächsischen, bayrischen und Berliner Dialekt.

(1) Lest euch die Titel gegenseitig vor.

| Hochdeutsch | Hamburger Platt | Hessisch | Schwäbisch |

(2) Übt gemeinsam, die Texte zu lesen.

Es war emal e klaa Bärsche
un en klaane Tiescher.
Un e Bootsche hadde se aach.
In em klaane, ganz gemietlische
Häusje mit em Schornstaa
habbe se gewohnt. ◇

Hessisch

Dat geev mool en lütten Boor
un ook en lütten Tiger.
Da beiden hebbt ook en
lütt Boot hatt.
Un se wohnen in so'n lütt,
kommoodi Huus mit Schosteen. ◇

Hamburger Platt

(3) Besprecht, was ihr in ② versteht und was nicht.

> Ein **kleines Boot** kommt auch vor.

Lernportion 8: Entdeckungen bei Sprache und Schrift

Plenum: sich über Mundarten und Dialekte austauschen; Lieder und Texte in der eigenen Mundart sammeln
MK-Tipp: Mundartbeispiele im Internet anhören

58

④ Lies die plattdeutschen Zahlwörter.

dree	acht	twee	söven	een

söss	negen	veer	teihn	fief

⑤ Ordne den Zahlen von 1 bis 10 die Wörter aus ④ zu.

1 – een, 2 –

⑥ Verbinde passend.

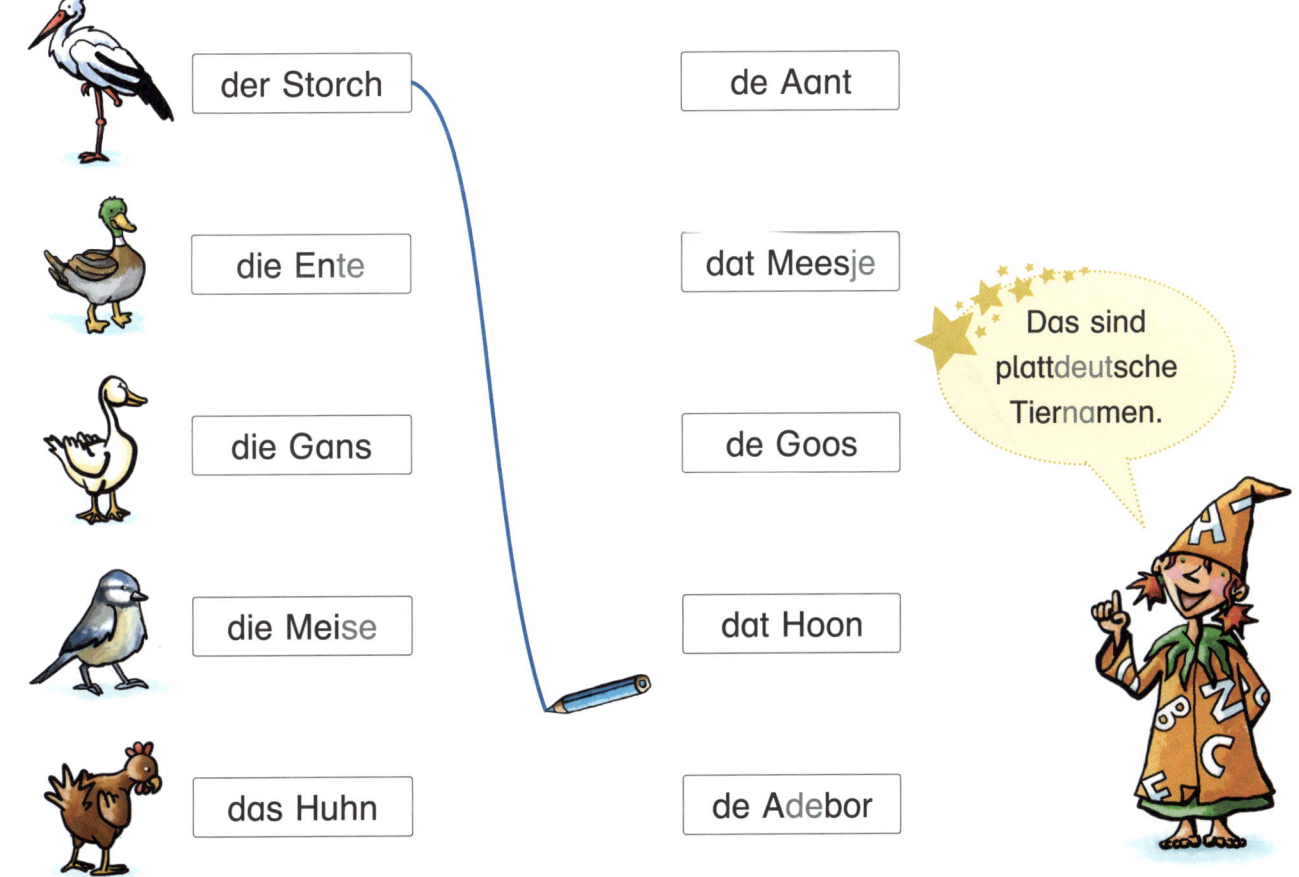

der Storch		de Aant
die Ente		dat Meesje
die Gans		de Goos
die Meise		dat Hoon
das Huhn		de Adebor

Das sind plattdeutsche Tiernamen.

Lernportion 8: Entdeckungen bei Sprache und Schrift

(1) Lest die Wörter.
Besprecht, was euch auffällt.

pallig	verpallen
Paller	anpallen

am dömsten	bedömt
Dömin	dömen

strierlich	strieren
abstrieren	Striere

Ups! Ich habe Quatschwörter gezaubert.

Mir fällt auf, dass …

Ich erkenne verschiedene Wortstämme.

Es gibt Wörter mit großem Buchstaben.

 (2) Notiert die drei Wortstämme zu (1).

(1) Übt, die Geheimsprache zu lesen.

Wasus istus dasus?

Hatus keineus Füßeus

undus kannus dochus gehenus.

Hatus keineus Beineus

undus bleibtus dochus stehenus.

(2) Lest den Text aus ① in normaler Sprache.

(3) Schreibt auf, welches Ding in ① gemeint ist.

Das ist

(4) Ordne die Märchen passend zu.

| Schneewittchen | Hänsel und Gretel | Frau Holle | Rotkäppchen |

Lernportion 8: Entdeckungen bei Sprache und Schrift

Plenum: sich darüber austauschen, ob man selbst schon Geheimsprachen und -schriften entwickelt und entdeckt hat
MK-Tipp: mit Hilfe einer Kindersuchmaschine im Internet weitere Geheimsprachen suchen

61

① Ordne den Tieren die passenden Laute zu.

Tiere machen unterschiedliche Laute.

| Kikeriki | Trööt | Mäh | Wuff | ~~Muh~~ | Miau | I-A |

Kuh: Muh,

② Tierlaute gibt es auch in anderen Sprachen.
Verbindet passend.

England: Bzzzz bzzzz
Griechenland: Sum sum
Südkorea: Wing wing

China: Zi zi
Schweden: Pip pip
Italien: Squitt squitt

Dänemark: Rap rap
Frankreich: Coin coin
Rumänien: Mac mac

Lernportion 8: Entdeckungen bei Sprache und Schrift

D 12

> Aus den Buchstaben eines Wortes kann man manchmal
> ein anderes Wort bilden.
> Das nennt man **Anagramm**: MEHL ⟶ LEHM

① Finde die vier Anagramme. Markiere die Paare jeweils mit einer Farbe.

MEHL	LAGER	FALTE	LEBEN	TAFEL	REIFEN
DAME	FERIEN	REGAL	HELM	NEBEL	MADE

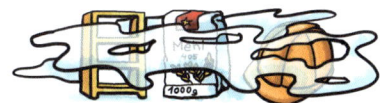

② Bildet Anagramme zu den Wörtern ANGEL und PALME.

ANGEL ⟶

PALME ⟶

So kannst du ein Anagramm finden:
– Schreibe das Wort in Großbuchstaben
  auf einen Zettel.
– Zerschneide den Zettel, sodass du
  einzelne Buchstaben hast.
– Setze alle Buchstaben zu einem neuen
  Wort zusammen.
– Achtung! Das klappt nicht mit
  jedem Wort.

Themenheft 1
Sprachgebrauch und Sprache untersuchen und reflektieren

Herausgegeben von: Roland Bauer, Jutta Maurach

Erarbeitet von: Martina Schramm, Annette Schumpp, Jutta Sorg
in Zusammenarbeit mit der Redaktion Grundschule Deutsch 2–4

Begutachtung: Astrid Dittberner (Niedersachsen), Susanne Gatniejewski (Sachsen)

Redaktion: Kristina Fischer, Sabine Gerber, Milena Lemke

Illustration: Yo Rühmer, Frankfurt am Main

Umschlag: Cornelia Gründer, Corngreen GmbH, Leipzig (Gestaltung);
Yo Rühmer, Frankfurt am Main (Illustration)

Layout: lernsatz.de

Technische Umsetzung: Corngreen GmbH, Leipzig

www.cornelsen.de

1. Auflage, 1. Druck 2025

Alle Drucke dieser Auflage sind inhaltlich unverändert
und können im Unterricht nebeneinander verwendet werden.

© 2025 Cornelsen Verlag GmbH, Mecklenburgische Str. 53, 14197 Berlin, E-Mail: service@cornelsen.de

Druck: Athesiadruck GmbH, Bozen

ISBN 978-3-464-81373-7 (Themenheft 1 leicht gemacht, Verbrauchsmaterial)